Tarot
Grandes mestres
da humanidade

Patrícia Cândido

Tarot
Grandes Mestres
da Humanidade

Organização e Prefácio: Denise Carillo

Nova Petrópolis/RS - 2022

Edição: Luana Paula de Aquino

Design Gráfico: Edinei Gonçalves

Ilustrações: Felipe Martini

Dados Internacionais de Catalogação na Publicação (CIP)

C217t   Cândido, Patrícia.
          Tarot grandes mestres da humanidade / Patrícia Cândido; organização e prefácio de Denise Carillo; ilustrações de Felipe Martini. – Nova Petrópolis : Luz da Serra, 2017.
          168 p. : il. ; 21 cm. + 50 cartas.

          ISBN 978-85-64463-50-9

          1. Tarot. 2. Autoconhecimento. 3. Consciência. 4. Evolução espiritual. 5. Mestres. I. Carillo, Denise. II. Martini, Felipe. III. Título.

          CDU 165.242.1
          CDD 126

Índice para catálogo sistemático:
1. Autoconhecimento   165.242.1

(Bibliotecária responsável: Sabrina Leal Araujo – CRB10/1507)

Todos os direitos reservados. Nenhuma parte desta obra pode ser reproduzida ou transmitida por qualquer forma e/ou quaisquer meios (eletrônico ou mecânico, incluindo fotocópia e gravação) ou arquivada em qualquer sistema ou banco de dados sem permissão escrita da Editora.

Luz da Serra Editora Ltda.
Avenida 15 de Novembro, 785
Bairro Centro
Nova Petrópolis/RS
CEP 95150-000
loja@luzdaserra.com.br
www.luzdaserra.com.br
www.luzdaserraeditora.com.br
Fones: (54) 3281-4399 / (54) 99113-7657

Agradeço ao Universo por ter encontrado os Grandes Mestres e por tudo o que eles me proporcionaram nesta vida. É uma alegria imensa poder divulgar suas mensagens de amor e luz e tocar tantas vidas positivamente. Que os Grandes Mestres abençoem e iluminem a sua jornada em uma senda de luz, amor e evolução.

Sumário

PREFÁCIO...12
A MINHA HISTÓRIA COM OS GRANDES MESTRES.......14
FITOENERGÉTICA..24
COMO JOGAR..31
TIRAGEM..34

AS CARTAS..49
MESTRES DA ANTIGUIDADE....................................51
1 – HERMES TRISMEGISTOS
Leis Universais..52
2 – JESUS CRISTO
Sabedoria / Fé / Missão da Alma............................54
3 – BUDDHA
Iluminação..56
4 – RAMATIS
Conhecimento/Transformação...............................58
5 – MOISÉS
Herói Interior..60
6 – SÃO FRANCISCO DE ASSIS
Humildade / Obediência.......................................62
7 – LAO TSE
Transcendência..64

8 – Confúcio
Honestidade...66
9 – Cacique Pena Branca
Diplomacia/Inteligência..68
10 – Leonardo Da Vinci
Talentos / Virtudes..70
11 – Melquisedeque
Iniciação..72
12 – Os Maias
Mudanças Necessárias...74

Mestres da Índia..77
13 – Brahma
A Fonte Criadora...78
14 – Vishnu
A Fonte Mantenedora..80
15 – Shiva
A Fonte Destruidora da Ilusão...................................82
16 – Ganesha
Prosperidade / Remoção de Obstáculos......................84
17 – Rama
Justiça..86
18 – Krishna
Manifestação Divina / Alegria...................................88
19 – Babaji
Imortalidade..90
20 – Paramahansa Yogananda
Devoção...92
21 – Ramakrishna –
Universalismo/Êxtase Divino....................................94

22 – Vivekananda
Unidade..96

Manifestações da Mãe Divina..................99
23 – Kuan Yin
Misericórdia / Compaixão............................100
24 – Madre Teresa de Calcutá
Cura / Manifestação da Paz..........................102
25 – Maria
Resignação / Submissão Espiritual..............104
26 – Maria Madalena
Tesouro Íntimo...106
27 – Lakshmi
Fortuna / Beleza / Sorte...............................108
28 – Ísis
União dos Opostos..110

Arcanjos e Mestres de Outros Mundos..................113
29 – Arcturus
Elevação do Padrão Vibracional....................114
30 – A Hierarquia Angélica
Mensageiros de Deus....................................116
31 – Ashtar Sheran
Proteção / Expansão.....................................118
32 – Maitreya
Amistosidade / Benevolência.......................120
33 – Sanat Kumara
O Todo que está em Tudo............................122

A GRANDE FRATERNIDADE BRANCA E OS MESTRES ASCENSIONADOS..........125

34 – MESTRE EL MORYA KHAN
Libertação Pela Fé..........126

35 – MESTRE LANTO
Sabedoria..........128

36 – MESTRA ROWENA
A Beleza da Alma..........130

37 – MESTRE SERAPHIS BEY
Autodisciplina..........132

38 – MESTRE HILARION
A Verdade..........134

39 – MESTRA NADA
Cooperação / Família..........136

40 – MESTRE SAINT GERMAIN
Transmutação..........138

MESTRES DA NOVA ERA..........141

41 – ALICE BAILEY
Coragem / Flexibilidade..........142

42 – ALLAN KARDEC
Inteligência / Dedicação..........144

43 – CHICO XAVIER
Amorosidade / Simplicidade..........146

44 – DALAI LAMA
Compaixão / Paz..........148

45 – CHAGDUD TULKU RINPOCHE
Verdade Universal..........150

46 – Gandhi
Força da Paz..152
47 – Helena Petrovna Blavatsky
Ocultismo / Inteligência Divina..............................154
48 – Kuthumi Lal Singh
Discrição..156
49 – Mikao Usui
Cura...158
50 – Sathya Sai Baba
Verdade / O Amor Encarnado....................................160

Mensagem Final..162

Prefácio

Denise Carillo [1]

Quando trabalhamos com o propósito da evolução espiritual, muitos são os caminhos sinalizados no decorrer da nossa jornada. Todas essas direções são sustentadas por incontáveis e incansáveis amigos espirituais do plano superior.

Constantemente, eles nos presenteiam também com irmãos de alma em reencontros que se tornam bênçãos em nossas vidas. Dentre esses irmãos, logicamente estão Patrícia Cândido e Bruno J. Gimenes, que dispensam apresentações, pois eles são, respectivamente, criadores destas duas grandes obras na qual se baseia este trabalho: *Grandes Mestres da Humanidade – Lições de amor para a Nova Era e Fitoenergética – A energia das plantas no equilíbrio da alma*.

---

[1] Psicóloga, Psicanalista, com mais de 30 anos de experiência em atendimentos clínicos, Escritora e Palestrante. Ministra cursos e palestras sobre os temas: evolução, espiritualidade, terapias vibracionais, bioenergética, etc.

Obviamente, meu coração transborda de amor e gratidão por tão queridos irmãos e por toda a equipe Luz da Serra. São muitas pessoas que cruzam o nosso caminho, que enobrecem a nossa alma e elevam o nosso sentimento.

Sou abençoada pela oportunidade de tantos reencontros e, sem dúvida, eu poderia ficar aqui fazendo uma enorme lista de pessoas de alma nobre que atuam como verdadeiros mestres em minha jornada.

Como estava lhe dizendo, querido amigo, a espiritualidade disponibiliza muitos meios, técnicas, ensinamentos e métodos para que possamos, de acordo com o nosso magnetismo, nos apropriar de algumas delas. Muitas nos servem como alavanca no nosso processo evolutivo.

O Tarot Grandes Mestres da Humanidade é mais uma ferramenta que tenho certeza que muito lhe ajudará a encontrar seu próprio mestre interior a fim de despertar seus talentos e virtudes em prol de sua autocura e, consequentemente, o despertar de sua missão rumo a sua evolução.

A minha história com os Grandes Mestres

Desde criança, sempre admirei a história de seres que transformaram o mundo. O fato de uma única pessoa impactar a vida de uma cidade, um país ou o mundo todo mexia demais comigo! Eu ficava intrigada com o magnetismo e a genialidade dos Grandes Mestres da Humanidade e sempre ficava curiosa sobre suas vidas, suas mentes e seus comportamentos.

Eu cresci, estudei administração e trabalhei na área de recursos humanos por mais de 10 anos. Depois de um período de muita pressão, *stress* e problemas de saúde, obtive a ajuda das terapias naturais para encontrar meu caminho de cura e equilíbrio.

Tudo isso me despertou um grande interesse em estudar a área holística e entender os mecanismos tão misteriosos que levam à cura profunda de uma forma tão simples e eficiente.

E foi nessa época que mergulhei profundamente nesse universo, buscando tudo o que havia disponível: cursos, livros, palestras, workshops, mestres, gurus, professores... Um tempo depois me desliguei da indústria onde eu trabalhava para montar meu consultório e atender como terapeuta holística.

Foi um período lindo de muitas descobertas, em que minha espiritualidade estava completamente aflorada e, aos poucos, a minha missão de alma estava se revelando. O amor pelos Mestres foi despertando naturalmente, mas o que nunca havia imaginado é que eu tinha um compromisso com eles.

Certa vez, o meu amigo, sócio e irmão de alma Bruno J. Gimenes me telefonou as 7h30min da manhã, e eu fiquei assustada achando que alguma coisa ruim tinha acontecido! Mas ele tinha ligado para dar uma notícia muito boa. Ele falou o seguinte: "Patrícia, eu tive uma projeção astral essa noite e vi você dando aula no plano espiritual sobre a vida dos Grandes Mestres. E você precisa escrever um livro sobre eles. É uma espécie de acordo que você fez para esta vida e ele precisa ser cumprido".

E eu realmente achei que se tratava de uma alucinação. Como eu, uma pessoa comum, poderia escrever sobre seres tão nobres, incríveis, geniais, santos, iluminados? Eu achava que o Bruno só poderia ter tido uma alucinação ou coisa do tipo...

Só que os sábios dizem que quanto mais força empenhamos em negar algo que precisa ser feito, com mais força esse chamado responderá à nossa alma. E foi exatamente o que aconteceu! Quanto mais eu negava a possibilidade de escrever o livro Grandes Mestres da Humanidade, mais eu lembrava do telefonema do Bruno e da cena que ele descrevia.

Um dia, quando estava quase surtando com toda essa história que se tornava cada vez mais recorrente em minha mente, eu disse a mim mesma, como se estivesse conversando com os Mestres: "Ok! Se vocês querem que eu escreva realmente, então me digam o que fazer! E precisa ser agora, porque daqui a pouco tenho consulta!"

Peguei uma prancheta, sentei na minha poltrona do consultório e automaticamente minha mão começou a se movimentar. E, de forma mediúnica, foi se criando uma lista com cinquenta nomes, alguns eu nunca tinha escutado na vida! Nomes difíceis para a nossa língua, como Vishnu, Ramakrishna, Blavatsky, Ashtar Sheran, eram escritos de forma automática pela minha mão! Foi uma das experiências mediúnicas mais incríveis da minha vida, mas eu ainda tinha dúvidas e falta de autoestima para escrever uma obra de tal magnitude.

Eu ficava matutando: por que tanta responsabilidade já no primeiro livro? E os ecos de autossabotagem ficavam o tempo inteiro na minha cabeça: Será que sou capaz? Será que alguém vai ler? Será que tenho capacidade?

Até que um dia um rapaz de boa família, prestes a fazer vestibular me procurou para fazer terapia. Ele se sentia indisposto, estressado e sentindo a pressão de ter que decidir por uma carreira com tão pouca idade. Ele me disse que gostaria de cursar Direito. E durante a consulta eu perguntei quem eram as referências dele na vida, quais pessoas que ele mais admirava.

Eu quase caí da cadeira quando ele me disse que admirava um traficante de drogas muito famoso e que gostaria de se tornar alguém como ele. Estarrecida, mas sem demonstrar, eu perguntei o porquê... E ele respondeu que esse traficante era inteligente, poderoso, bem-sucedido, mandava na polícia e era muito rico, tinha tudo ao alcance da mão. E foi nesse dia que entendi meu compromisso: as crianças e os jovens necessitavam de referência e alguém precisava mostrar a eles de onde vêm os verdadeiros exemplos.

E nessa hora eu entendi a missão do livro: propagar a missão e os exemplos dos Grandes Mestres para as gerações atuais e futuras. Nesse momento exato, tudo fez sentido, as dúvidas acabaram. Então, comecei a dar luz ao livro *Grandes Mestres da Humanidade – Lições de Amor para a Nova Era*, que foi lançado em 2008, após quatro anos de pesquisas.

De lá pra cá, já se passaram quase dez anos e esse livro só me trouxe alegrias por ter transformado a vida de milhares de pessoas que hoje utilizam os exemplos dos Mestres no seu cotidiano. Uma dessas alegrias foi acompanhar a trajetória daquele menino que me procurou no consultório: ele passou no vestibular, se formou e hoje é um advogado ético, brilhante e com uma carreira muito promissora.

Mais adiante, o livro se transformou em workshops, palestras e uma série no YouTube chamada Semana do Mestre, que está disponível no canal Luz da Serra. Além deste Tarot, ele inspirou a criação de um livro de colorir com imagens dos Mestres para que crianças e adultos possam se divertir e se conectar com a energia dos iluminados.

Sou muito feliz por ter encontrado o caminho dos Mestres nesta vida, e um dos meus maiores desejos é poder compartilhar essas bênçãos com a humanidade.

Tarot Grandes Mestres

Ao entrar em contato com o Tarot Grandes Mestres da Humanidade e escolher uma carta, você poderá se sintonizar com uma incrível corrente do bem que vai lhe ajudar em sua jornada de autoconhecimento e expansão de consciência.

Por meio deste valioso instrumento, você terá uma conexão profunda com a energia de seres altamente evoluídos que estão interessados em nossa evolução e no crescimento da Terra como um todo.

O Tarot Grandes Mestres pode ser utilizado em qualquer ocasião da sua vida, com o objetivo de obter orientação para questões ligadas ao trabalho, à profissão, ao lar, à família, aos relacionamentos, aos filhos, aos parentes ou aos amigos.

Também é possível receber esclarecimentos sobre assuntos relacionados a mudanças, viagens, novos projetos ou saúde. Enfim, você pode tirar suas dúvidas sobre qualquer aspecto da sua existência para ter mais segurança nas suas tomadas de decisão.

Ao escolher uma das cartas, você terá a indicação do Mestre que poderá lhe ajudar e a mensagem dele para o seu momento atual. Você saberá como proceder e como ativar a energia do Mestre revelado para o seu caso em especial por meio de um tema para reflexão e um alerta para o assunto em questão.

Prepare-se espiritualmente para a tiragem das cartas do Tarot, faça uma oração de sua preferência e esteja imbuído dos melhores sentimentos existentes em seu coração. Conecte-se ao seu Eu Superior.

Além dessa magnífica orientação dos Grandes Mestres, você contará com a ajuda do verde da verdade, expressada no trabalho da Fitoenergética, um sistema de cura natural que utiliza o campo energético do Reino Vegetal.

Somando as respostas dos Mestres à energia das plantas, você terá a capacidade de embasar e manter o equilíbrio da sua alma para que cumpra com leveza, sinceridade e verdade universal as orientações que você busca. Você também poderá auxiliar outras pessoas com este trabalho. Assim, você compreenderá que somos todos um, abençoados pelo universo e sustentados pela Mãe Natureza.

Em cada uma das 50 cartas que integram este livro, você encontrará a palavra-chave que imprime a ideia central dos ensinamentos de cada um dos Grandes Mestres.

Além do baralho, você tem em mãos este livro explicativo que traz dicas e instruções para um melhor aproveitamento das suas tiragens.

O livro contém o significado de cada carta, com uma reflexão, um alerta e uma mensagem relativos a esses seres inspiradores. Você terá ainda à sua disposição um tratamento fitoenergético indicado para estabelecer uma conexão com a energia do Mestre revelado pela consulta das cartas.

Esta união do Tarot Grandes Mestres com a proposta da Fitoenergética leva a elaboração de um preparo com uma combinação de ervas. Por meio do tratamento com as plantas, você poderá ancorar a energia do Mestre durante um período.

No livro *Grandes Mestres da Humanidade – Lições de amor para a Nova Era*, você encontrará as biografias e contribuições de cada uma dessas grandes almas ao nosso mundo, e poderá se aprofundar nestas valiosas informações.

E no *Livro de Colorir dos Grandes Mestres* você poderá se divertir pintando os mestres e mandalas, além de estabelecer uma conexão espiritual e amorosa com esses seres iluminados que transformaram o nosso mundo.

A intenção do Tarot Grandes Mestres da Humanidade é levar a você as mensagens dessas almas virtuosas. Que essas palavras iluminadas possam fazer eco dentro de você, lhe trazendo mais consciência e estabelecendo uma reflexão necessária para atingir o objetivo que o levou à consulta deste instrumento de aperfeiçoamento pessoal.

Desejo de todo o meu coração que este Tarot lhe traga luz, consciência, discernimento e, principalmente, que ajude a despertar a missão da sua alma.

Fitoenergética

A Fitoenergética é um sistema de cura vibracional, equilíbrio e elevação da consciência que atua diretamente na alma e na personalidade do indivíduo.

O processo de atuação se dá pela transferência da energia sutil contida nas plantas ao foco do tratamento, seja ele para uma pessoa, um ambiente, um animal ou um objeto.

A força energética contida nas plantas flui suavemente para o objeto da intenção com a capacidade de vitalizar e harmonizar aspectos negativos ou desequilibrados da consciência humana e suas implicações nas dimensões físicas, emocionais, mentais e espirituais.

É incrível como esse poder tão comum em qualquer tipo de vegetal pode nos ser tão balsâmico e transformador. Essa ação profunda e efetiva se dá graças ao nível de atuação com que a energia das plantas ocorre: agindo diretamente na alma.

Quando pensamentos e sentimentos são desenvolvidos por qualquer pessoa, sua aura (que é a manifestação extrafísica da sua energia corpórea) sofre uma alteração imediata – positiva ou negativa, de acordo com a qualidade

– como reflexo direto. Em outras palavras, pensamentos e emoções manipulam e invocam grandes quantidades de energias sutis do corpo físico da pessoa, que magnetizam em si a natureza do pensamento e da emoção. Por assim dizer, se os pensamentos de raiva são constantes, o indivíduo magnetizará a sensação de raiva em sua personalidade. O mesmo acontece para todos os tipos de sentimentos, incluindo a combinação de emoções e pensamentos negativos diversos.

O tempo passa, a vida passa, mas aquele campo energético nocivo alimentado por pensamentos e sentimentos negativos não se dissolve, tornando-se uma patologia da personalidade. Disso podemos tirar duas conclusões:

1 – A pessoa com esse quadro manifestará constantes sensações negativas, para as quais ela não encontrará causa aparente no uso da medicina alopática. Isso acontece porque o problema está associado ao nível de personalidade, que é um nível sutil, diretamente relacionado à alma humana. Portanto, se o problema está na alma, então é a alma que precisa ser tratada.

2 – Por ser um desequilíbrio energético associado ao nível sutil, que é o nível da própria personalidade, um tratamento realizado com ação unicamente no corpo físico (como é o caso dos remédios alopáticos) jamais oferecerá a cura profunda ou definitiva. Além disso, se a causa não for tratada, o indivíduo poderá começar a desenvolver desequilíbrios no nível físico, como consequência do desequilíbrio do nível energético.

É aí que a energia das plantas começa a se mostrar como uma ferramenta poderosa de cura, equilíbrio e elevação da consciência, porque a correta manipulação das energias sutis das plantas específicas poderá oferecer atuação no mesmo nível em que a pessoa apresenta desequilíbrios.

É importante entendermos que o reino vegetal tem, por natureza, a função de produzir um tipo de energia que é exatamente compatível com a dimensão da energia mental e emocional dos seres humanos. Esta observação é facilmente comprovada quando observamos os efeitos conhecidos popularmente como "seca pimenteira" ou "dedo podre". Esses efeitos são observados quando uma pessoa, mesmo sem perceber ou sem ter intenção, suga a energia de flores ou plantas, ao ponto de drenar plenamente a vitalidade do vegetal.

Muitas pessoas já viveram a experiência de receber uma visita em suas casas e, algumas horas depois, perceberem plantas morrendo. Este processo ocorre não somente porque a pessoa que provocou a morte das plantas era invejosa ou negativa, mas também porque ela estava em desequilíbrio e seu campo mental e emocional estava muito afetado.

Quem nesse mundo não sente raiva, medo, tristeza ou mágoa?

Como sabemos que a população mundial como um todo tem facilidade em sentir essas emoções, concluímos também que a energia das plantas é essencial para a raça humana. É nesse contexto que a Fitoenergética está inserida.

Além de oferecer uma recuperação do equilíbrio energético afetado pela influência negativa de pensamentos e emoções nocivas, a energia das plantas também promove o efeito de elevação da consciência. Seu principal aspecto é serenidade e clareza para enxergar seus próprios erros, força para criar novos caminhos e atitude para melhorar sempre.

Então pense no universo de possibilidades que a energia das plantas pode nos oferecer, pois, além de nos ajudar a dissolver os campos energéticos negativos que causam as permanentes sensações ruins às quais estamos presos, também nos estimula a ter uma visão ampla sobre a vida, os nossos papéis, os nossos propósitos e os melhores caminhos a seguir.

O que é a Fitoenergética

É um sistema natural de cura, equilíbrio e elevação da consciência que, através da energia das plantas (fitoenergia), ajuda os seres vivos no equilíbrio das emoções e dos pensamentos, os quais, quando estão em desequilíbrio, são os reais causadores das doenças. É uma terapia que proporciona a elevação da consciência e do discernimento, estimulando profundos sentimentos antiegoísmo.

Concepção Básica

A Fitoenergética atua com a concepção básica de que os vegetais possuem um campo de energia com a capacidade de gerar influência sobre a anatomia sutil dos seres vivos. Busca-se compreender como essa influência pode atuar positivamente no campo energético de cada ser vivo, agindo nas causas geradoras de doenças.

Como Montar Seu Tratamento Fitoenergético

O tratamento poderá ser feito de forma contínua durante 7 **dias, 2 vezes ao dia.** Você pode utilizar por meio de um chá com as ervas em infusão de água quente ou de água fria.

Além disso, há outras formas de aplicar a Fitoenergética. O livro *Fitoenergética – A Energia das Plantas no Equilíbrio da Alma*, de Bruno J. Gimenes, traz mais informações sobre as demais aplicações desse sistema natural de cura.

Recomendações passo a passo:

Caso você aplique ou recomende o composto fitoenergético para seu consultante, as informações a seguir são de extrema importância:

– Este tratamento está baseado na Fitoenergética, portanto não a confunda com Fitoterapia. A quantidade que você utilizará em cada aplicação é de **1 colher de chá das ervas do composto**. Não utilize uma quantidade maior.

– Selecione as plantas recomendadas e não as substitua por outras. Caso contrário, correrá o risco de desbalancear a fórmula do composto.

– Adquira as plantas desidratadas e misture todas elas em um pote fechado ou em uma embalagem de plástico em que fiquem bem vedadas.

– Prepare uma xícara de chá com infusão de água quente ou fria.

– Se for fazer a infusão em água quente, aqueça a água sempre no fogo. Nunca use água de micro-ondas ou aquecedores elétricos.

– Coe o líquido preparado.

– Faça uma prece, um mantra ou uma afirmação positiva de sua preferência sobre a xícara, para ativar a energia das plantas antes de beber.

– Você pode ainda imaginar que o Mestre está abençoando o seu chá. Coloque a carta do Mestre embaixo da xícara e faça uma oração.

– Beba o seu chá 2 vezes por dia, durante 7 dias, com intervalo mínimo de 4 horas entre as aplicações.

– Prepare o chá a cada vez que for utilizar (não deixar preparado por mais de 2 horas ou guardado na geladeira), porque as plantas perdem a sua energia rapidamente.

Como Jogar

O Tarot Grandes Mestres é composto de 50 cartas, com a mensagem de cada Mestre, além deste livro explicativo e a caixa.

Antes de abrir o seu Tarot, conecte-se com os seres de luz, faça uma respiração profunda, um relaxamento, uma oração e agradeça à espiritualidade pelo momento presente.

Só inicie o processo quando estiver em um momento de tranquilidade e paz. Embaralhe bem as cartas, imaginando-as como se estivessem em um exuberante e perfumado jardim.

No momento em que sentir a mente totalmente leve e serena, abra as cartas como um leque, com as imagens dos Mestres voltadas para baixo.

A partir de então, faça as suas escolhas de acordo com as orientações que você verá a seguir. Caso esteja tirando para outra pessoa, peça ao seu consultante que selecione as cartas.

Notas importantes:

– Sempre que for tirar o Tarot para outra pessoa, não seja determinista em seus comentários;

– Fale sempre com base em possibilidades;

– As cartas capturam a identidade energética do momento. O futuro se modifica a cada ato;

– Nunca utilize o seu Tarot como método de adivinhação e sim como método de orientação e aconselhamento.

Antes mesmo de funcionar apenas como oráculo, o Tarot Grandes Mestres traz a proposta de acoplar um tratamento para ativar a energia do respectivo Mestre que vai lhe ajudar a alcançar o que você deseja.

Assim, ele tem dupla função:

Conscientizar e tratar.

Tiragem

Seja para você mesmo, seja para um consultante, antes de abrir o Tarot, é importante elevar os seus pensamentos, fazendo uma oração e uma respiração profunda, para que você possa manter um padrão de frequência elevado em sintonia com os Grandes Mestres. Assim, unido à luz do seu mestre interior, você poderá iniciar o trabalho, sempre agradecendo pela oportunidade de conexão com estes seres iluminados.

Sugestões Para Tiragem

1 – Carta única sem direcionamento

Tire uma carta para receber um conselho para o seu momento atual. Além da palavra-chave da carta, consulte a mensagem do livro para obter uma resposta mais completa.

2 – Carta única com direcionamento

Faça uma pergunta antes de escolher a carta. Tire uma carta para obter a resposta para a sua questão. Consulte também a mensagem do livro para obter uma orientação mais completa.

3 – Tratando os chacras

Os nossos chacras são centros de energia presentes em nosso corpo e que possuem a função de captar, receber e distribuir a energia que recebemos do ambiente a todas as nossas células, tecidos e órgãos para que o nosso corpo funcione perfeitamente.

Eles são representados por grandes rodas de luz associados a cada uma de nossas glândulas endócrinas principais, que giram no sentido horário e anti-horário, sempre em conexão com o ambiente onde estamos e também com as pessoas que nos rodeiam. Cada chacra possui uma missão e representa um aspecto do nosso ser.

Ao lado estão os nossos sete chacras principais e os aspectos do nosso ser que estão relacionados a eles.

7º Chacra – *Coronário (Topo da cabeça)* – **Espiritualidade**
Conexão com a Fonte Divina, relacionamento espiritual, propósito espiritual, missão da alma, sentido da vida, amor divino e fé.

6º Chacra – *Frontal (Centro da testa)* – **Energia Mental**
Pensamentos, ideias, criatividade, raciocínio, inteligência, consciência, intuição, clarividência, cocriação do universo.

5º Chacra – *Laríngeo (Garganta)* – **Expressão**
Autoexpressão, materialização de ideias, realizações, inteligência em ação.

4º Chacra – *Cardíaco (Coração)* – **Amor Universal**
Altruísmo, amor universal, intuição, sabedoria, compaixão, discernimento, equilíbrio.

3º Chacra – *Umbilical (Umbigo)* – **Poder**
Poder pessoal, alegria, autoconfiança, coragem, emoções e desejos equilibrados, tolerância, perdão, gratidão, respeito.

2º Chacra – *Sexual (Órgãos Sexuais)* – **Prazer**
Relacionamentos, amizades, parcerias, prazer pela vida, autorrespeito, autoestima, autoconfiança.

1º Chacra – *Básico (Períneo)* – **Sobrevivência**
Estrutura, base, raiz, equilíbrio nas finanças, no trabalho, energia de sobrevivência, boa percepção de si mesmo (autoconsciência).

Seleção das Cartas por Chacras

A) Para tratar todos os chacras:

– Você pode tirar uma carta por chacra. Neste caso, separe as cartas referentes ao 1º, 2º, 3º, 4º, 5º, 6º e 7º chacras sucessivamente, conforme o exemplo abaixo:

CARTA DO 1º CHACRA	CARTA DO 2º CHACRA	CARTA DO 3º CHACRA	CARTA DO 4º CHACRA	CARTA DO 5º CHACRA	CARTA DO 6º CHACRA	CARTA DO 7º CHACRA

Selecione o chacra que mais necessita de tratamento. Aplique o composto fitoenergético do Mestre correspondente ao chacra que você deseja tratar.

Observação:

Se você deseja tratar todos os chacras, consulte um terapeuta fitoenergético ou saiba como se tornar um no site: *www.luzdaserra.com.br/fitoenergetica*.

B) Para tratar somente os chacras debilitados:

CARTA DO	CARTA DO	CARTA DO	CARTA DO		CARTA DO	CARTA DO
1º	*2º*	*3º*	*4º*		*6º*	*7º*
CHACRA	CHACRA	CHACRA	CHACRA		CHACRA	CHACRA

CARTA DO *5º* CHACRA

Selecione a carta de acordo com o chacra mais debilitado

Nesta tiragem você poderá concentrar-se em qualquer um dos sete chacras. A carta tirada representará os cuidados que você deve tomar com aquele chacra em especial. Por exemplo, se a pessoa precisa com mais urgência curar o 5º chacra, utilize o tratamento fitoenergético do Mestre que se apresentou na carta do 5º chacra, e assim sucessivamente. Utilize o composto fitoenergético por 7 **dias, 2 vezes ao dia**.

4 – Da temporalidade

Para cada tempo, você pode abrir uma carta. Portanto, nessa tiragem serão trabalhadas três cartas com mensagens para curar: *Passado – Presente – Futuro*, conforme disposto a seguir.

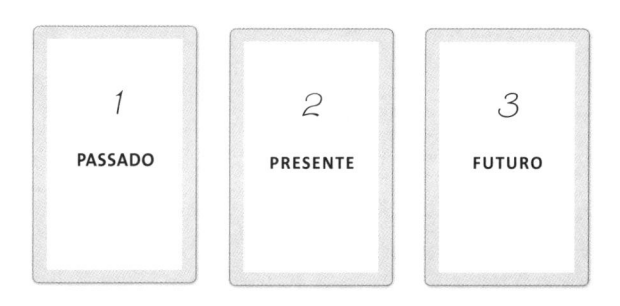

1	2	3
PASSADO	PRESENTE	FUTURO

Escolha qual o tempo precisa de mais tratamento:

Passado: mágoas, ressentimentos e perdão.

Presente: atitude, iniciativa e confiança.

Futuro: ansiedade, metas, planejamento, criatividade.

Por exemplo, se a pessoa precisa com mais urgência curar o passado, aplique o tratamento fitoenergético do Mestre que se apresentou na carta do passado, e assim sucessivamente. Utilize o composto fitoenergético por **7 dias, 2 vezes ao dia.**

5 – Pensamento, sentimento, ação

Essa tiragem mostra o que você precisa mudar em seus pensamentos, sentimentos e ações. Então, três cartas podem ser assim dispostas:

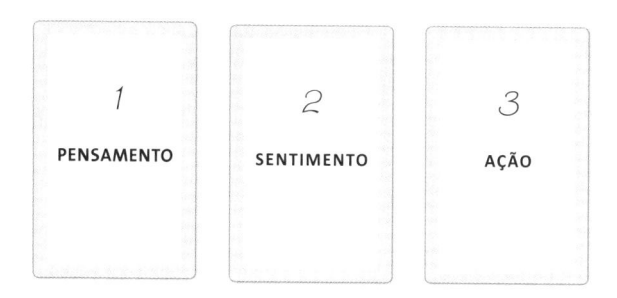

1	2	3
PENSAMENTO	SENTIMENTO	AÇÃO

A mesma sugestão para tratamento da tiragem anterior vale para esta, ou seja, **7 dias, 2 vezes ao dia**, optando pela questão que mais precisa de tratamento neste momento: *pensamento, sentimento ou ação.*

6 – A Fusão ou Cruz

Essa tiragem chamamos de Cruz, pois é a fusão das duas tiragens anteriores. As cartas ficam dispostas em formato de cruz, da seguinte forma:

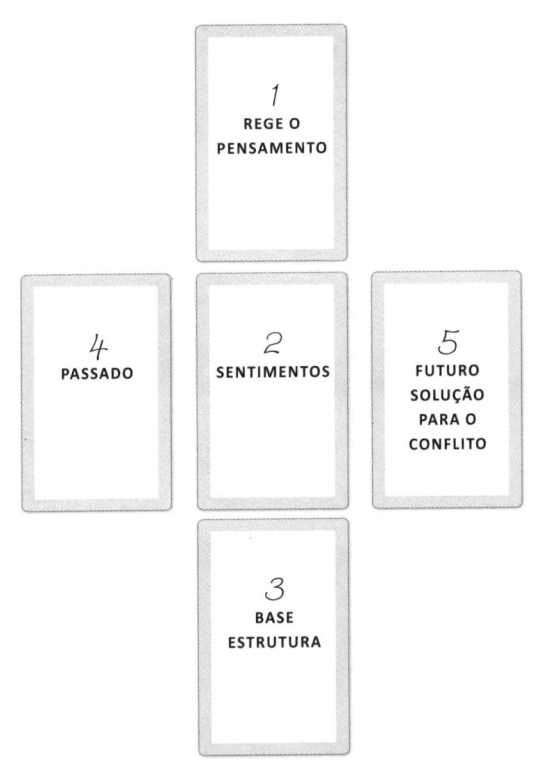

```
              ┌─────────┐
              │    1    │
              │  REGE O │
              │PENSAMENTO│
              └─────────┘
┌─────────┐ ┌─────────┐ ┌─────────┐
│    4    │ │    2    │ │    5    │
│ PASSADO │ │SENTIMENTOS│ │ FUTURO  │
│         │ │         │ │ SOLUÇÃO │
│         │ │         │ │ PARA O  │
│         │ │         │ │ CONFLITO│
└─────────┘ └─────────┘ └─────────┘
              ┌─────────┐
              │    3    │
              │  BASE   │
              │ESTRUTURA│
              └─────────┘
```

1. A primeira representa o alto da cabeça, ou seja, o que rege seu pensamento.
2. A segunda, o seu coração, o que rege seus sentimentos.
3. A terceira, sua base, estrutura.
4. A carta da esquerda representa o passado.
5. A carta da direita, o futuro ou solução para o conflito.

Como nas tiragens anteriores, você determina qual é o aspecto prioritário a ser tratado. Por exemplo, se você quer tratar o pensamento, selecione as plantas da carta do Mestre Lanto. Se quer tratar o seu passado, selecione as plantas da Mestra Kuan Yin.

Exemplo de uma tiragem em forma de cruz:

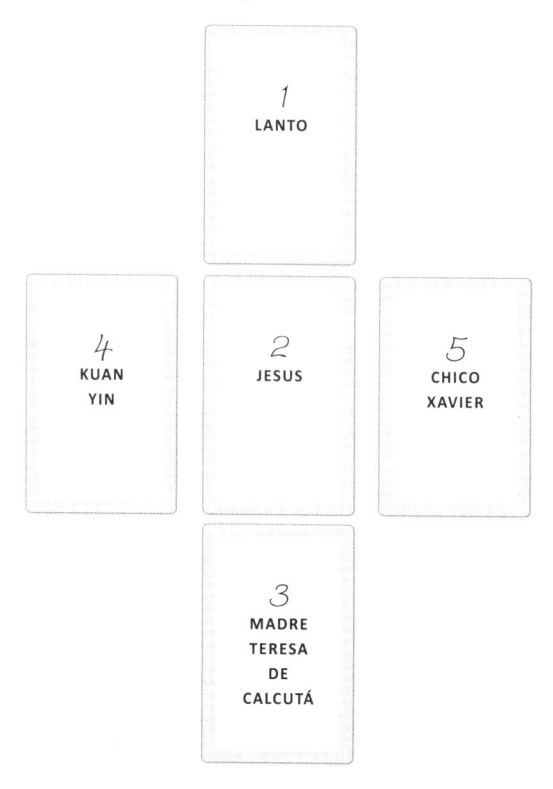

```
              ┌─────────┐
              │    1    │
              │  LANTO  │
              └─────────┘
┌─────────┐ ┌─────────┐ ┌─────────┐
│    4    │ │    2    │ │    5    │
│  KUAN   │ │  JESUS  │ │  CHICO  │
│   YIN   │ │         │ │ XAVIER  │
└─────────┘ └─────────┘ └─────────┘
              ┌─────────┐
              │    3    │
              │ MADRE   │
              │ TERESA  │
              │   DE    │
              │ CALCUTÁ │
              └─────────┘
```

Carta 1 (alto da cabeça/pensamentos) – Lanto:

Poejo (Mentha pulegium) - Reconheça seus próprios erros e termine o que começou. Ame a vida e livre-se da arrogância.

Sene (Senna occidentalis) - Tenha mais confiança nas pessoas à sua volta.

Ipê-Roxo (Tabebuia avellanedae) - Desacelere a mente, encontrando a paz em uma conexão com sua energia vital.

Pitanga (Eugenia uniflora) - A ponderação e o diálogo são as melhores ferramentas para manter a sua energia física, mental e espiritual.

Carta 2 – (sentimento, coração) – Jesus:

Amora-Branca (Morus alba) - Reponha suas energias para manter o equilíbrio. Mantenha o bom humor.

Tília (Tilia cordata) - Faça da oração um hábito e você saberá o rumo a seguir.

Ipê-Roxo (Tabebuia avellanedae) - Desacelere a mente, encontrando a calma e a paz, em uma conexão com a energia vital.

Hortelã (Mentha crispa) - Com veracidade e autenticidade, vá abrindo caminhos em sua vida.

Carta 3 – (base, estrutura) – Madre Teresa de Calcutá:

Carqueja (Baccharis trimera) - Você tem se preocupado tempo demais consigo mesmo. Elimine esse sentimento de solidão e abandone a autopossessão. Cuide do seu coração cultivando mais amor e seja mais tolerante consigo mesmo.

Cordão-de-Frade (Leonotis nepetaefolia) - Você está em um processo de evolução espiritual. Deixe sua alma aflorar e libere dons ocultos.

Marmelo (Cydonia oblonga) - Preste mais atenção à sua saúde. Vitalize-se.

Barbatimão (Stryphnodendron adstringens) - Não desista agora. Crie independência afetiva e conclua seus projetos.

Carta 4 – (passado) – Kuan Yin:

Mulungu (Erythrina mulungu) - Chega de preguiça e desânimo. Encontre entusiasmo em sua vida e tenha atitude.

Uva-Ursi (Arctostaphylos officinalis) - Expresse suas ideias e tenha iniciativa para fazê-las acontecer.

Alecrim (Rosmarinus officinalis) - É tempo de mudar, conhecer o novo. Libere traumas e medos adormecidos.

Carta 5 – (futuro) – Chico Xavier:

Melissa (Melissa officinalis) - Acredite no amor e olhe a vida sob outro prisma. O bicho não é tão feio quanto parece.

Cordão-de-Frade (Leonotis nepetaefolia) - Você está em um processo de evolução espiritual. Deixe sua alma aflorar e libere dons ocultos.

Marmelo (Cydonia oblonga) - Preste mais atenção a sua saúde. Vitalize-se.

Erva-de-Passarinho (Struthanthus concinnus) - Aprenda a identificar situações de mal-estar provocadas por miasmas no campo áurico.

Siga o tratamento fitoenergético sugerido no Mestre correspondente ao aspecto mais urgente a ser tratado e utilize por **7 dias, 2 vezes ao dia**.

7 – Astrológica

A forma astrológica de jogar o Tarot é uma das mais completas, pois abrange todos os setores da vida. Nesse caso, as cartas são dispostas em forma de mandala. Você pode relacioná-las a cada casa astrológica, o que permite avaliar como está cada área da sua existência.

Essa leitura é muito profunda, você vai receber a orientação dos Mestres sobre como proceder em cada um dos 12 setores representados pelas casas astrológicas.

Assim, você vai conseguir manter o seu equilíbrio físico, mental, emocional e espiritual.

Aqui, você fica livre para escolher quantos setores achar necessário. Também pode optar por todos ao mesmo tempo, abrindo 12 cartas que corresponderão a cada uma das casas astrológicas.

Nesse caso, você pode fazer a disposição das cartas em círculo. O consultante irá, então, embaralhar o Tarot, cortar em três e escolher um dos montes para a tiragem.

Obviamente, nesse método de leitura completo, você terá a sugestão de vários tratamentos com a Fitoenergética. No entanto, é possível escolher apenas um deles, que será aplicado durante **7 dias, 2 vezes ao dia**, de acordo com sua prioridade, como nos exemplos anteriores.

Casa 1	Áries	Iniciativa, O Guerreiro e Novos Projetos
Casa 2	Touro	Questões Materiais, Prazeres da Vida e Finanças
Casa 3	Gêmeos	Intelecto, Comunicação e Expressão
Casa 4	Câncer	Maternidade, Fertilidade e Família
Casa 5	Leão	Beleza, Poder e Autoestima
Casa 6	Virgem	Trabalho, Crítica e Organização
Casa 7	Libra	Associações, Casamento e Relacionamentos
Casa 8	Escorpião	Mudança, Encerramento de Ciclos e Transformações.
Casa 9	Sagitário	Inspiração e Ideais
Casa 10	Capricórnio	Responsabilidade e Trabalho
Casa 11	Aquário	Ousadia, Futuro, Novas Aspirações e Tecnologias
Casa 12	Peixes	Espiritualidade, Conexão e Mediunidade

Depois de completado esse período de aplicação do tratamento, você pode se dispor a uma nova tiragem de cartas do Tarot Grandes Mestres.

Com certeza há muitas outras formas de tiragem que você intuirá, fazendo valer a força de seu mestre interior.

Que este Tarot seja mais um instrumento de cura e transformação interior, que lhe ajude a indicar o rumo da missão de sua alma.

As Cartas

Mestres da Antiguidade

Hermes Trismegistos

Leis Universais

1 – Hermes Trismegistos

Reflexão: Os sentimentos equilibrados ajudam a atingir a plenitude.

Alerta: Quando toma suas decisões com a energia dos sentimentos superiores, você atinge a plenitude espiritual e o equilíbrio. Nada escapa às leis do karma.

Mensagem: Quando o aluno está pronto, o mestre aparece. Quando o trabalhador está pronto, o trabalho aparece. Prepare-se.

Tratamento Fitoenergético

para ativar a energia do Mestre:

Poejo (Mentha pulegium) - Reconheça seus próprios erros e termine o que começou. Ame a vida e abandone a arrogância.

Erva-Doce (Pimpinella anisum) - Identifique o que de fato você precisa e tenha coragem e otimismo para seguir em frente.

Arnica (Solidago chilensis) - Desobstrua seus canais energéticos estimulando a circulação sanguínea e energética.

Barbatimão (Stryphnodendron adstringens) - Não desista agora. Crie independência afetiva e conclua seus projetos.

Jesus Cristo

Sabedoria / Fé
Missão da Alma

2 – Jesus Cristo

Reflexão: Por meio da fé, você se torna fiel à sua divindade e se liberta das corrupções do ego.

Alerta: Até que ponto você acredita em algo que não pode ser visto ou tocado, mas apenas sentido com o coração?

Mensagem: O caminho de volta à casa do Pai é individual, único, mas só tem sentido se for realizado em comunhão.

Tratamento Fitoenergético
para ativar a energia do Mestre:

Amora-Branca (Morus alba) - Reponha suas energias para manter o equilíbrio. Mantenha o bom humor.

Tília (Tilia cordata) - Faça da oração um hábito e você saberá o rumo a seguir.

Ipê-Roxo (Tabebuia avellanedae) - Desacelere a mente, encontrando a calma e a paz, em uma conexão com a energia vital.

Hortelã (Mentha crispa) - Com veracidade e autenticidade, vá abrindo caminhos em sua vida.

Buddha

Iluminação

3 – Buddha

Reflexão: Alcançar a iluminação, exige o reconhecimento de que todos os fenômenos materiais são impermanentes.

Alerta: Para atingir as suas metas, atente para o desapego.

Mensagem: A verdade deve ser buscada, experienciada e vivida para que você se liberte do véu das ilusões.

TRATAMENTO FITOENERGÉTICO
PARA ATIVAR A ENERGIA DO MESTRE:

Erva-Baleeira (Cordia verbenacea) - Procure o equilíbrio entre a razão e a emoção. Assuma as suas emoções com naturalidade evitando o excesso de racionalização.

Cravo-da-Índia (Syzygium aromaticum) - Concentre-se na sua capacidade de realizar sonhos e abra a mente para enxergar as respostas que a vida dá.

Marmelo (Cydonia oblonga) - Preste mais atenção à sua saúde. Vitalize-se.

Pitanga (Eugenia uniflora) - A ponderação e o diálogo são as melhores ferramentas para manter a sua energia física, mental e espiritual.

Ramatis

Conhecimento
Transformação

4 – Ramatis

Reflexão: Com discernimento, identifique o que é bom ou ruim para a sua alma. Assim, você alcançará a paz.

Alerta: Se algo ou alguém conseguir desfazer o sentimento de paz em você, não se iluda, pois ele nunca foi verdadeiro.

Mensagem: Evoluir com liberdade, responsabilidade e universalismo é o verdadeiro serviço espiritual.

Tratamento Fitoenergético
para ativar a energia do Mestre:

Mulungu (*Erythrina mulungu*) - Abandone a preguiça e o desânimo, encontre entusiasmo em sua vida e tenha atitude.

Confrei (*Symphytum officinale*) - Controle os seus sentimentos e estimule a sua criatividade, tornando-se mais sensível emocionalmente.

Uva-Ursi (*Arctostaphylos officinalis*) - Expresse as suas ideias e tenha iniciativa para fazê-las acontecer.

Hipérico (*Hypericum perforatum*) - Aceite os desafios da vida com audácia e equilíbrio. Estimule o seu canal de autocura e verá que as respostas de que você precisa estão em seu coração.

Moisés

Herói Interior

5 – Moisés

Reflexão: Radicalismo não é sinônimo de determinação, mas de imperfeição. Determinação é disciplina.

Alerta: Diante da nova concepção de se tornar um herói, primeiro pode vir a dúvida e a negação. Porém, a aceitação surge de um ato de conexão interior, tornando esta nova concepção forte e libertadora.

Mensagem: Muitas vezes a preguiça e a ilusão não deixam você enxergar a necessidade de uma união interna de opostos.

Tratamento Fitoenergético
para ativar a energia do Mestre:

Porangaba (*Cordia ecalyculata*) - Calma, um dia nunca é igual ao outro. Livre-se dos apegos.

Cáscara-Sagrada (*Rhanus purshiana*) - Deixe fluir a pureza que vem do coração. Recuse lembranças do passado e siga em frente.

Avenca (*Adiantum raddianum*) - Purifique seu corpo físico, mental e espiritual. Elimine bloqueios que impedem o seu processo evolutivo.

Pitanga (*Eugenia uniflora*) - A ponderação e o diálogo são as melhores ferramentas para manter a sua energia física, mental e espiritual.

São Francisco de Assis

Humildade

Obediência

6 – São Francisco de Assis

Reflexão: Esse Grande Mestre lhe traz a energia da alegria de viver a verdade do seu espírito.

Alerta: Manter o foco e a conexão com as leis divinas dá passagem para o desapego, abrindo a chama da humildade em sua alma imortal.

Mensagem: Esse Mestre viveu e vive uno com toda a expressão da natureza, o que o torna uno com o Todo. Eis o mistério da fé.

Tratamento Fitoenergético
para ativar a energia do Mestre:

Guaco (***Mikania glomerata***) - Deixe a sua sabedoria interior emergir para eliminar traumas vividos no passado. Ponha de lado o hábito de se martirizar.

Gervão (***Stachytarpheta cayennensis***) - Amplie a sua consciência cósmica e olhe para o alto, abandonando sentimentos de menos-valia.

Babosa (***Aloe vera***) - É tempo de regenerar a mente e o corpo, mudando os pensamentos.

Lao Tse

Transcendência

7 – Lao Tse

Reflexão: Há algo natural e perfeito antes do céu e da Terra.

Alerta: O sábio se ocupa do interior e não da exterioridade dos sentidos. Ele rejeita a superficialidade e prefere mergulhar profundamente em seu interior.

Mensagem: Nunca renegue a si mesmo, tudo é sagrado. Os opostos são a alternância de energia (*chi*). *Yin* e *Yang* são irmãos. O equilíbrio traz a paz.

TRATAMENTO FITOENERGÉTICO

PARA ATIVAR A ENERGIA DO MESTRE:

Erva-Baleeira (*Cordia verbenacea*) - Procure o equilíbrio entre a razão e a emoção. Assuma as suas emoções com naturalidade, evitando o excesso de racionalização.

Morango (*Fragaria ananassa*) - Aceite com mais naturalidade o processo de transformação. Entenda que eterno é só o espírito.

Endro (*Anethum graveolens*) - Não seja paranoico, mude a sua frequência energética.

Confúcio

Honestidade

8 – Confúcio

Reflexão: Escolha um trabalho que você ame e não terá de trabalhar nenhum dia da sua vida.

Alerta: Muitas concessões são necessárias para um convívio de aprendizado e expansão, mas nunca deixe de ser honesto e fiel aos seus princípios.

Mensagem: Coloque a lealdade e a confiança acima de qualquer coisa. Não se alie aos moralmente inferiores e não receie de corrigir os seus erros.

Tratamento Fitoenergético
para ativar a energia do Mestre:

Porangaba (Cordia ecalyculata) - Calma, um dia nunca é igual ao outro. Livre-se de apegos.

Açafrão (Curcuma longa) - Priorize sempre a verdade, a sinceridade, as boas práticas e os costumes positivos em sua vida.

Hortelã (Mentha crispa) - Com veracidade e autenticidade, vá abrindo caminhos em sua vida.

Cacique Pena Branca

Diplomacia
Inteligência

9 – Cacique Pena Branca

Reflexão: Com diplomacia e inteligência, você poderá ser mediador entre pessoas e grupos de qualquer ordem.

Alerta: O objetivo maior neste momento deve ser o progresso e o bem-estar de todos os envolvidos nos seus ambientes de convivência.

Mensagem: Respeitar a natureza é respeitar a todos, equilibrando as forças da paz.

TRATAMENTO FITOENERGÉTICO
PARA ATIVAR A ENERGIA DO MESTRE:

Guabiroba (Campomanesia xanthocarpa) - A melhor proteção contra ataques energéticos é manter em expansão a sua consciência e coração.

Picão-Preto (Bidens pilosa) - Com humildade e simplicidade, você encontrará a paz de que precisa.

Uva-Ursi (Arctostaphylos officinalis) - Expresse as suas ideias e tenha iniciativa para fazê-las acontecer.

Pitanga (Eugenia uniflora) - A ponderação e o diálogo são as melhores ferramentas para manter a energia e o equilíbrio.

Leonardo Da Vinci

Talentos
Virtudes

10 – Leonardo Da Vinci

Reflexão: Muitas vezes, para que ocorra a manifestação dos talentos, são necessárias duas virtudes: sabedoria e persistência.

Alerta: Não há obstáculos para aquele que acredita em seus talentos.

Mensagem: Mesmo que não conheça o fim, continue os seus caminhos em direção ao ideal. Liberte-se de tempo e espaço.

Tratamento Fitoenergético
para ativar a energia do Mestre:

Cana-do-Brejo (Costus spicatus) - Você poderá realizar grandes projetos se utilizar os seus canais de sensibilidade e ouvir a sua intuição.

Funcho (Foeniculum vulgare) - Agora é a hora de cortar definitivamente laços com o passado e trazer à tona os seus talentos e virtudes para realizar novos projetos.

Ipê-Roxo (Tabebuia avellanedae) - Desacelere a mente encontrando a paz em uma conexão com a sua energia vital.

Barbatimão (Stryphnodendron adstringens) - Não desista agora. Crie independência afetiva e conclua os seus projetos.

Melquisedeque

Iniciação

11 – Melquisedeque

Reflexão: A iniciação no caminho da Luz vem da inspiração na busca de uma nova vida de paz, compaixão e amor em um encontro com a natureza divina.

Alerta: O iniciado precisa se firmar nas ações que toma rumo ao encontro da iluminação.

Mensagem: Quando há abertura na sua alma para os ensinamentos e práticas espirituais, surge uma conexão com Deus que muda as suas intuições, ações, comportamentos, sentimentos e emoções. Assim, você atingirá um nível mais evoluído.

Tratamento Fitoenergético
para ativar a energia do Mestre:

Tayuya (*Cayaponia tayuya*) - Insira em sua vida a prática de exercícios que promovam relaxamento físico e mental.

Morango (*Fragaria ananassa*) - Aceite com mais naturalidade o processo de transformação. Entenda que eterno é só o espírito.

Alcaçuz (*Glycyrrhiza glabra*) - Estimule a sua capacidade para adquirir novos aprendizados.

Os Maias

Mudanças Necessárias

12 – Os Maias

Reflexão: Viver em comunhão é praticar a unicidade, na qual somos todos mestres uns dos outros.

Alerta: Quando está uno com o universo, você percebe o momento para as grandes mudanças necessárias.

Mensagem: Em sincronicidade com o universo, você é capaz de dissipar o medo, dando lugar a uma nova ótica espiritual.

Tratamento Fitoenergético
para ativar a energia do Mestre:

Picão-Preto (Bidens pilosa) - Com humildade e simplicidade, você encontrará a paz de que precisa.

Confrei (Symphytum officinale) - Controle os seus sentimentos e estimule a sua criatividade, tornando-se mais sensível emocionalmente.

Avenca (Adiantum raddianum) - Purifique os seus corpos físico, mental e espiritual, eliminando bloqueios que impedem o seu processo evolutivo.

Jasmim (Jasminum officinale) - Abandone os vícios, colocando um toque do divino em todas as suas ações.

Mestres da Índia

Brahma

A Fonte Criadora

13 – Brahma

Reflexão: A fonte da vida habita o seu ser. Você é ilimitado.

Alerta: O grande poder da criação está vivo em seu coração, tornando-o cocriador de sua própria realidade.

Mensagem: O autoconhecimento facilita a união dos opostos, que se transforma em uma manifestação divina.

Tratamento Fitoenergético
para ativar a energia do Mestre:

Arruda (Ruta graveolens) - Pare de reclamar e supere os desejos não realizados.

Guabiroba (Campomanesia xanthocarpa) - A melhor proteção contra ataques energéticos é manter em expansão a consciência e o coração.

Uva-Ursi (Arctostaphylos officinalis) - Expresse suas ideias e tenha iniciativa para fazê-las acontecer.

Hipérico (Hypericum perforatum) - Aceite os desafios da vida com audácia e equilíbrio. Estimule seu canal de autocura e verá que as respostas de que você precisa estão no seu coração.

Vishnu

A Fonte Mantenedora

14 – Vishnu

Reflexão: A manifestação do amor tem o poder de ajudar você a garantir e cumprir a função que lhe cabe no universo.

Alerta: Quando você se afasta da energia do amor, causa um desequilíbrio nos princípios cósmicos.

Mensagem: Somente através do amor você conseguirá destruir as forças negativas, restabelecendo a ordem rumo à missão da sua alma.

Tratamento Fitoenergético
para ativar a energia do Mestre:

Alcarávia (Carum carvi) - Tenha coragem para eliminar apegos e tenha mais prazer em viver com segurança e gratidão.

Uva-Ursi (Arctostaphylos officinalis) - Expresse suas ideias e tenha iniciativa para fazê-las acontecer.

Douradinha (Palicourea rigida) - Aprenda com seus erros sem se martirizar ou sofrer.

Shiva

A Fonte Destruidora da Ilusão

15 – Shiva

Reflexão: Sair do mundo das ilusões é se conectar com a verdade, dissolvendo o véu da ignorância.

Alerta: Preste atenção nas situações ilusórias que permeiam a sua vida. Lembre-se que o melhor da ilusão é justamente a desilusão, pois é nesse momento que a verdade aflora.

Mensagem: A ilusão da matéria fascina, a riqueza da alma liberta. Dance na divina fonte universal e encontre o seu mais rico tesouro.

Tratamento Fitoenergético
para ativar a energia do Mestre:

Guabiroba (Campomanesia xanthocarpa) – A melhor proteção contra ataques energéticos é manter em constante expansão sua consciência e seu coração.

Gervão (Stachytarpheta cayennensis) – Amplie sua consciência cósmica e olhe para o alto, abandonado sentimentos de menos-valia.

Canela (Cinnamomum zeylanicum) – Mantenha distância de sentimentos de birra e rebeldia. Tenha alegria e gratidão pela vida.

Ganesha

**Prosperidade
Remoção de Obstáculos**

16 – Ganesha

Reflexão: O novo pode assustar, mas o verdadeiro amor suscita forças ocultas para esse medo enfrentar.

Alerta: Cometer atos dominados pelo impulso da ira o afasta da verdade e consequentemente da prosperidade.

Mensagem: Mesmo nas situações mais difíceis, existe sempre um aprendizado e uma solução quando você se mantém em fusão com os princípios universais.

Tratamento Fitoenergético
para ativar a energia do Mestre:

Amora-Branca (Morus alba) - Reponha suas energias para manter o equilíbrio físico e emocional. Mantenha o bom humor.

Cravo-da-índia (Syzygium aromaticum) - Concentre-se na sua capacidade de realizar sonhos e abra a mente para enxergar as respostas que a vida dá.

Marmelo (Cydonia oblonga) - Preste mais atenção a sua saúde. Vitalize-se.

Douradinha (Palicourea rigida) - Aprenda com seus erros sem se martirizar ou sofrer.

Rama

Justiça

17 – Rama

Reflexão: A força e a coragem, associadas ao senso de justiça, vão lhe conduzir à vitória sobre qualquer batalha da vida.

Alerta: A maior luta deve ser contra o seu próprio orgulho. Preste mais atenção nas relações familiares. Priorize a harmonia.

Mensagem: A personificação da sabedoria, da justiça e do conhecimento divino afasta o apego, promovendo a verdadeira justiça.

TRATAMENTO FITOENERGÉTICO
PARA ATIVAR A ENERGIA DO MESTRE:

Maçã (Malus x domestica) - Cultive a paz e a harmonia no seu lar. Um sorriso é sempre bem-vindo.

Aipo (Apium graveolens) - Não se deixe levar pelas ilusões das conquistas materiais. Utilize-se dos recursos naturais para alcançar a paz divina.

Hortelã (Mentha crispa) - Com veracidade e autenticidade, vá abrindo caminhos em sua vida.

Krishna

Manifestação Divina
Alegria

18 – Krishna

Reflexão: A presença do poder divino se manifesta operando milagres em sua vida.

Alerta: A preservação do amor universal se estabelece no cultivo do amor ao próximo.

Mensagem: A consciência de Krishna é o Todo que está em Tudo.

Tratamento Fitoenergético
para ativar a energia do Mestre:

Cominho (Cuminum cyminum) - Limpe o seu coração de antigas tristezas. Seja mais solidário em suas relações sociais.

Quitoco (Pluchea sagittalis) - Uma conexão com Deus estimula em cada um de nós a capacidade de entrega. Abandone o ato de tudo controlar.

Marmelo (Cydonia oblonga) - Preste mais atenção à sua saúde. Vitalize-se.

Jasmim (Jasminum officinale) - Abandone os vícios, colocando um toque do divino em todas as suas ações.

Babaji

Imortalidade

19 – Babaji

Reflexão: É possível transcender a morte quando você desperta do sono da ignorância ou do véu das ilusões.

Alerta: O primeiro e maior problema do ser humano é o ego. Resolva esse problema e consequentemente todos os outros se resolverão.

Mensagem: Se quiser ser verdadeiramente livre, aprenda a amar e a perdoar em todas as circunstâncias.

Tratamento Fitoenergético
para ativar a energia do Mestre:

Carqueja (Baccharis trimera) - Você tem se preocupado tempo demais consigo mesmo. Elimine esse sentimento de solidão e abandone a possessividade. Cuidado com o coração. Seja mais tolerante.

Gervão (Stachytarpheta cayennensis) - Amplie sua consciência e olhe para o alto, abandonando sentimentos de menos-valia.

Hortelã (Mentha crispa) - Com veracidade e autenticidade, vá abrindo os caminhos em sua vida.

Paramahansa Yogananda

Devoção

20 – Paramahansa Yogananda

Reflexão: Clareza nos objetivos e no propósito da alma sustentará as suas ações.

Alerta: Todos os homens são afetados por um universo interno e outro externo.

Mensagem: Como, quando e onde você pretende atingir sua evolução espiritual? Depende da sua devoção.

TRATAMENTO FITOENERGÉTICO

PARA ATIVAR A ENERGIA DO MESTRE:

Guaco (Mikania glomerata) - Deixe a sua sabedoria interior emergir para eliminar traumas vividos no passado. Ponha de lado o hábito de se martirizar.

Chá-Verde (Camellia sinensis) - Cultive a alegria e a criança interior. Estimule o poder da palavra.

Morango (Fragaria ananassa) - Aceite com mais naturalidade o processo de transformação. Entenda que eterno é só o Espírito.

Jasmim (Jasminum officinale) - Abandone os vícios colocando um toque do divino em todas as suas ações.

Ramakrishna

Universalismo
Êxtase Divino

21 – Ramakrishna

Reflexão: Existem muitas formas de se chegar ao mesmo Deus.

Alerta: Nasce em vão aquele que, tendo alcançado o nascimento humano, tão difícil de conseguir, não procura realizar Deus nessa mesma existência.

Mensagem: Por meio de uma convivência harmoniosa entre todas as filosofias religiosas, você pode usar seu livre-arbítrio rumo ao encontro com Deus.

Tratamento Fitoenergético
para ativar a energia do Mestre:

Erva-Baleeira (Cordia verbenacea) - Procure o equilíbrio entre a razão e a emoção. Assuma suas emoções com naturalidade, evitando o excesso de racionalismo.

Losna (Artemisia absinthium) - Você está em um momento de êxtase espiritual. Sinta essa felicidade e pratique a devoção.

Ipê-Roxo (Tabebuia avellanedae) - desacelere a mente encontrando a calma e a paz em uma conexão com a sua energia vital.

Alfafa (Medicago sativa) - É preciso equilibrar sentimentos e emoções para resgatar a sua essência.

Vivekananda

Unidade

22 – Vivekananda

Reflexão: Ser puro e fazer o bem aos outros é o ponto essencial de toda unidade.

Alerta: De que vale reconhecer em suas orações que Deus é o pai de todos nós, se você não tratar cada homem como seu irmão em sua vida diária.

Mensagem: A devoção é uma ação e não só uma contemplação. Essa é a unidade entre criador e criação.

Tratamento Fitoenergético
para ativar a energia do Mestre:

Porangaba (Cordia ecalyculata) - Calma, um dia nunca é igual ao outro. Livre-se de apegos.

Dente-de-Leão (Taraxacum officinale) - Valorize-se e seja feliz com tudo o que você tem e por tudo que você é. Viva sem complicações e mantenha aceso o sentimento de gratidão.

Malva (Malva sylvestris) - A conexão com as energias das esferas espirituais ajudam a enfrentar dificuldades e mudar de atitude.

Manifestações da Mãe Divina

Kuan Yin

Misericórdia / Compaixão

23 – Kuan Yin

Reflexão: Diante de uma vida agitada, raramente você terá tempo de parar e observar o que realmente importa.

Alerta: A misericórdia e a compaixão devem servir como guias para qualquer realização.

Mensagem: O caminho para evolução espiritual não passa pelo isolamento e pela preguiça, mas sim pela dedicação e pelo amor aos nossos irmãos de jornada.

Tratamento Fitoenergético
para ativar a energia do Mestre:

Mulungu (Erythrina mulungu) - Chega de preguiça e desânimo. Encontre entusiasmo em sua vida e tenha atitude.

Uva-Ursi (Arctostaphylos officinalis) - Expresse suas ideias e tenha iniciativa para fazê-las acontecer.

Alecrim (Rosmarinus officinalis) - É tempo de mudar, conhecer o novo. Libere traumas e medos adormecidos.

Madre Teresa de Calcutá

Cura
Manifestação da Paz

24 – Madre Teresa de Calcutá

Reflexão: Encontrar a sua missão de vida exige determinação, força, coragem e fé.

Alerta: O desânimo pode enfraquecer os seus objetivos. Seja persistente.

Mensagem: Ser a luz de Deus manifestada é iluminar as trevas da pobreza e da dor humana. Doe amor e alegria a todas as pessoas que passarem pela sua vida.

Tratamento Fitoenergético
para ativar a energia do Mestre:

Carqueja (Baccharis trimera) - Você tem se preocupado tempo demais consigo mesmo. Elimine esse sentimento de solidão e abandone a autopossessão. Cuide do seu coração cultivando mais amor e seja mais tolerante consigo mesmo.

Cordão-de-Frade (Leonotis nepetaefolia) - Você está em um processo de evolução espiritual. Deixe sua alma aflorar e libere dons ocultos.

Marmelo (Cydonia oblonga) - Preste mais atenção à sua saúde. Vitalize-se.

Barbatimão (Stryphnodendron adstringens) - Não desista agora. Crie independência afetiva e conclua seus projetos.

Maria

Resignação
Submissão Espiritual

25 – Maria

Reflexão: Doçura e amorosidade são energias da divindade feminina que habita em todos os corações.

Alerta: Jamais duvide de seu leme interior. Mantenha a fé permitindo que a sua divindade se manifeste.

Mensagem: Encarar os ciclos da vida e morte com amor permite que você alcance grandes transformações. Mantenha a calma, a ternura e a doçura.

Tratamento Fitoenergético
para ativar a energia do Mestre:

Guaco (Mikania glomerata) - Deixe a sua sabedoria interior emergir para eliminar traumas do passado. Seja humilde.

Morango (Fragaria ananassa) - Aceite com mais naturalidade o processo de transformação. Eterno é só o espírito.

Babosa (Aloe vera) - É tempo de regenerar corpo e mente, mudando os pensamentos.

Maria Madalena

Tesouro Íntimo

26 – Maria Madalena

Reflexão: Nessa energia, você entra em contato com o seu cofre sagrado, detentor de muito saber.

Alerta: É momento de utilizar-se de toda inteligência e sabedoria íntima, revelando sua verdade espiritual.

Mensagem: Acredite nesse Deus que habita em seu coração. Para isso não é preciso alarde e nem ritual, somente o desapego da construção material.

Tratamento Fitoenergético
para ativar a energia do Mestre:

Erva-Baleeira (Cordia verbenacea) - Procure o equilíbrio entre razão e emoção. Assuma suas emoções com naturalidade evitando o excesso de racionalização.

Pêssego (Prunus persica) - A autoculpa e o perfeccionismo geram confusão mental. Assuma suas capacidades.

Ipê-Roxo (Tabebuia avellanedae) - Desacelere a mente, encontrando a calma e a paz em uma conexão com sua energia vital.

Capim-Cidreira (Cymbopogon citratus) - Elimine a ansiedade e o nervosismo para que você possa ter um sono revigorante.

Lakshmi

Fortuna / Beleza / Sorte

27 – Lakshmi

Reflexão: A prosperidade bate à sua porta. Utilize-se de todo seu esplendor para lhe desejar as boas-vindas.

Alerta: Há momentos em que você precisa sacudir o seu interior estremecendo as bases para que surja o novo.

Mensagem: Ao valer-se do seu poder para permitir que a prosperidade adentre em sua vida, lembre-se de utilizar este mesmo poder para compartilhá-la, lembrando que a verdadeira fortuna é a paz interior.

Tratamento Fitoenergético
para ativar a energia do Mestre:

Tayuya (Cayaponia tayuya) - Insira em sua vida a prática de exercícios físicos que promovam relaxamento físico e mental.

Pariparoba (Pothomorphe umbellata) - Liberte-se da raiva e do materialismo. Valorize a família, a ética e seja íntegro.

Erva-de-Bicho (Polygonum hydropiperoides) - Elimine o acúmulo de energia negativa no campo áurico. A prática de meditação vai lhe ajudar nesse caso.

Manjericão (Ocimum basilicum) - Não tenha medo de enfrentar a verdade. Faça escolhas e tome decisões com energia.

Ísis

União dos Opostos

28 – Ísis

Reflexão: Vida e morte coabitam o seu ser incessantemente. Você pode utilizar essa energia com equilíbrio e harmonia.

Alerta: Utilize a sua magia interior como um alquimista que transforma chumbo em ouro.

Mensagem: Ao iluminar mente e coração, manifesta-se a magia do amor divino que transcende a matéria e ilumina o espírito.

Tratamento Fitoenergético
para ativar a energia do Mestre:

Melissa (Melissa officinalis) - Acredite no amor e olhe a vida sob outro prisma. O bicho não é tão feio quanto parece.

Morango (Fragaria ananassa) - Aceite com mais naturalidade o processo de transformação. Entenda que eterno é só o espírito.

Alfafa (Medicago sativa) - É preciso equilibrar sentimento e emoção, além de resgatar a sua essência.

Arcanjos e Mestres de Outros Mundos

Arcturus

Elevação do Padrão Vibracional

29 – Arcturus

Reflexão: Para poder ajudar os outros é preciso que você esteja com o seu padrão vibracional elevado.

Alerta: Se você tirou essa carta, é para que vigie melhor os seus pensamentos e comece a se livrar das críticas.

Mensagem: Os Arcturianos lhe ensinam a viver e trabalhar em comunhão, considerando o amor como elemento fundamental para a sobrevivência.

Tratamento Fitoenergético
para ativar a energia do Mestre:

Tayuya (Cayaponia tayuya) - Insira em sua vida a prática de exercícios que promovam relaxamento físico e mental.

Morango (Fragaria ananassa) - Aceite com mais naturalidade o processo de transformação. Entenda que eterno é só o espírito.

Malva (Malva sylvestris) - A conexão com as energias das esferas espirituais ajudam a enfrentar dificuldades e mudar de atitude.

A Hierarquia Angélica

Mensageiros de Deus

30 – A Hierarquia Angélica

Reflexão: Os mensageiros de Deus respeitam a Hierarquia Divina para o bem maior de todos. Colocar-se a serviço de Deus é uma atitude angelical.

Alerta: A tiragem desta carta indica uma necessidade iminente de se entregar o controle de sua vida aos seres celestes.

Mensagem: Qualquer que seja a situação que esteja em desequilíbrio, conte com a ajuda dos mensageiros celestes, respeitando a hierarquia angelical e fazendo uma oração vinda do coração com coragem e fé. Os anjos reconhecem a sua luz, é por meio da sua energia que a oração será identificada.

Tratamento Fitoenergético
para ativar a energia do Mestre:

Porangaba (Cordia ecalyculata) - Calma, um dia nunca é igual ao outro. Livre-se dos apegos.

Uva-Ursi (Arctostaphylos officinalis) - Expresse suas ideias e tenha iniciativa para fazê-las acontecer.

Manjericão (Ocimum basilicum) - Não tenha medo de enfrentar a verdade. Faça escolhas e tome decisões com energia.

Ashtar Sheran

Proteção / Expansão

31 – Ashtar Sheran

Reflexão: Pesquisar, mudar, transformar! Tudo isso faz parte do seu processo evolutivo, porém é preciso escolher muito bem o caminho a seguir.

Alerta: Está na hora de você se conectar com sua grande nave espiritual, expandindo sua consciência e garantindo a proteção necessária para a evolução coletiva.

Mensagem: Um grande comandante incentiva, ama e protege sua equipe. Para que você possa expressar essas qualidades no exterior, é preciso ser um comandante de si mesmo sem perder o rumo e o foco da sua jornada.

TRATAMENTO FITOENERGÉTICO
PARA ATIVAR A ENERGIA DO MESTRE:

Erva-Baleeira (Cordia verbenacea) - Procure o equilíbrio entre razão e emoção. Assuma suas emoções com naturalidade, evitando o excesso de racionalização.

Avenca (Adiantum raddianum) - Purifique seu corpo físico, mental e espiritual, eliminando bloqueios que impedem o seu processo evolutivo.

Capim-Cidreira (Cymbopogon citratus) - Elimine a ansiedade e o nervosismo para que você possa ter um sono revigorante.

Maitreya

Amistosidade
Benevolência

32 – Maitreya

Reflexão: Aperfeiçoar e manifestar a divindade dentro de si renova energias latentes a iluminar o futuro.

Alerta: Muitas vezes sem perceber, você se afasta da luz que habita o seu coração. Então, nesses momentos, é preciso alimentar a sua alma em direção ao caminho da evolução.

Mensagem: A voz interior se manifesta em todas as coisas. Todos nós podemos nos tornar Cristos quando a evolução do espírito atingir a absoluta perfeição e vibrar na frequência do amor universal.

Tratamento Fitoenergético
para ativar a energia do Mestre:

Guaco (Mikania glomerata) - Deixe a sua sabedoria interior emergir para eliminar traumas vividos no passado. Ponha de lado o hábito de se martirizar.

Avenca (Adiantum raddianum) - Purifique seu corpo físico, mental e espiritual, eliminando bloqueios que impedem seu processo evolutivo.

Jasmim (Jasminum officinale) - Abandone os vícios colocando um toque do divino em todas as suas ações.

Sanat Kumara

O Todo que está em Tudo

33 – Sanat Kumara

Reflexão: A setorização e os papéis que você vive em sua existência poderão lhe afastar do Todo.

Alerta: É preciso manter sempre o foco no seu propósito de vida para que, sempre que necessário, você consiga juntar as partes fragmentadas de volta à Fonte.

Mensagem: A verdade nunca é estática. Você precisa movimentar a sua consciência em outras direções e atingir novos rumos.

TRATAMENTO FITOENERGÉTICO
PARA ATIVAR A ENERGIA DO MESTRE:

Alcarávia (Carum carvi) - Tenha coragem para eliminar apegos e tenha mais prazer em viver com segurança e gratidão.

Uva-Ursi (Arctostaphylos officinalis) - Expresse suas ideias e tenha iniciativa para fazê-las acontecer.

Alcaçuz (Glycyrrhiza glabra) - Estimule sua capacidade para adquirir novos aprendizados.

A Grande Fraternidade Branca e os Mestres Ascensionados

Mestre El Morya Khan

Libertação Pela Fé

34 – Mestre El Morya Khan

Reflexão: O homem é feito da mais sublime, profunda e forte consciência espiritual.

Alerta: Veja o quanto dos seus problemas pessoais são fatores ilusórios ou passageiros.

Mensagem: Acorde para a consciência de sua alma e para sua potencialidade de amor. A fé desperta o divino dentro de você.

TRATAMENTO FITOENERGÉTICO
PARA ATIVAR A ENERGIA DO MESTRE:

Poejo (Mentha pulegium) - Reconheça seus próprios erros e termine o que começou. Ame a vida e livre-se da arrogância.

Hortelã-Levante (Mentha sylvestris) - Aprenda a estimular os seus canais de sensibilidade extrafísicos e clarividência, abandonando definitivamente pensamentos negativos.

Ipê-Roxo (Tabebuia avellanedae) - Desacelere a mente encontrando a calma e a paz em uma conexão com sua energia vital.

Malva (Malva sylvestris) - A conexão com as energias das esferas espirituais ajuda a enfrentar dificuldades e mudar de atitude.

Mestre Lanto

Sabedoria

35 – Mestre Lanto

Reflexão: Dedicação é uma tarefa necessária para quem quer aprender. Equilíbrio emocional é garantido através da conexão espiritual.

Alerta: Amplie a sua capacidade de conhecimento, sabedoria e inteligência a serviço da evolução planetária.

Mensagem: O orgulho e a ignorância limitam a nossa mente.

Tratamento Fitoenergético
para ativar a energia do Mestre:

Poejo (Mentha pulegium) - Reconheça seus próprios erros e termine o que começou. Ame a vida e livre-se da arrogância.

Sene (Senna occidentalis) - Tenha mais confiança nas pessoas à sua volta.

Ipê-Roxo (Tabebuia avellanedae) - Desacelere a mente, encontrando a paz em uma conexão com sua energia vital.

Pitanga (Eugenia uniflora) - A ponderação e o diálogo são as melhores ferramentas para manter a sua energia física, mental e espiritual.

Mestra Rowena

A Beleza da Alma

36 – Mestra Rowena

Reflexão: Com beleza e delicadeza, desenvolva os seus talentos para alcançar o seu progresso espiritual.

Alerta: Dissolva o egoísmo e pratique o perdão para atingir a beleza do amor em seu coração.

Mensagem: Não há coração que não tenha uma porta de entrada. Não há coração desprovido de amor.

Tratamento Fitoenergético
para ativar a energia do Mestre:

Melissa (Melissa officinalis) - Acredite no amor e olhe a vida sob outro prisma. O bicho não é tão feio quanto parece.

Uva-Ursi (Arctostaphylos officinalis) - Expresse suas ideias e tenha iniciativa para fazê-las acontecer.

Erva-de-Passarinho (Struthanthus concinnus) - Aprenda a identificar situações de mal-estar provocadas por miasmas no campo áurico.

Mestre Seraphis Bey

Autodisciplina

37 – Mestre Seraphis Bey

Reflexão: Revele o propósito de sua vida com alegria, equilíbrio e disciplina.

Alerta: Diariamente você recebe uma quantidade de fogo sagrado ou energia vital. Conforme o uso que lhe dá, por meio do seu livre-arbítrio, essa energia pode aumentar ou diminuir.

Mensagem: A disciplina rigorosa para atingir a ascensão se faz necessária pelo mau uso das energias divinas após várias encarnações.

TRATAMENTO FITOENERGÉTICO

PARA ATIVAR A ENERGIA DO MESTRE:

Amora-Branca (Morus alba) - Reponha suas energias para manter o equilíbrio físico e emocional. Mantenha o bom humor.

Tomilho (Thymus vulgaris) - Organize suas ideias e as transmita com clareza. Isso o ajudará a atingir metas.

Uva-Ursi (Arctostaphylos officinalis) - Expresse suas ideias e tenha iniciativa para fazê-las acontecer.

Canela (Cinnamomum zeylanicum) - Mantenha distância de sentimentos de birra e rebeldia. Tenha gratidão pela vida.

Mestre Hilarion

A Verdade

38 – Mestre Hilarion

Reflexão: A chama verde o convida para a apropriação do processo de cura dentro de você.

Alerta: Se a doença lhe aflige, é porque você se distanciou da sabedoria divina que é a chama da verdade.

Mensagem: "Conhecereis a verdade e ela vos libertará".

TRATAMENTO FITOENERGÉTICO
PARA ATIVAR A ENERGIA DO MESTRE:

Quitoco (Pluchea sagittalis) - Uma conexão com Deus estimula em nós a capacidade de entrega. Abandone o ato de tudo controlar.

Marmelo (Cydonia oblonga) - Preste mais atenção a sua saúde. Vitalize-se.

Tayuya (Cayaponia tayuya) - Insira em sua vida a prática de exercícios que promovam relaxamento físico e mental.

Manjericão (Ocimum basilicum) - Não tenha medo de enfrentar a verdade. Faça escolhas e tome decisões com energia.

Mestra Nada

Cooperação
Família

39 – Mestra Nada

Reflexão: A paz e o amor são adventos de um trabalho abnegado, humilde e cooperativo. É uma força que se passa de pai para filho.

Alerta: Comece um trabalho pela paz em uma busca interior que se expande para o mundo através da devoção.

Mensagem: O processo de cura começa com a implantação do amor e da devoção a Deus dentro da família e dos lares.

Tratamento Fitoenergético
para ativar a energia do Mestre:

Uxi-Amarelo (Endopleura uchi) - Centre os seus pensamentos e acalme as suas tensões entrando em contato com as energias da natureza e reconhecendo Deus na força dos elementos.

Maçã (Malus x domestica) - Cultive a paz e a harmonia no seu lar. Um sorriso é sempre bem-vindo.

Ipê-Roxo (Tabebuia avellanedae) - Desacelere a mente encontrando a calma e a paz, em uma conexão com a sua energia vital.

Erva-de-Passarinho (Struthanthus concinnus) - Aprenda a identificar situações de mal-estar provocadas por miasmas no corpo áurico.

Mestre Saint Germain

Transmutação

40 – Mestre Saint Germain

Reflexão: A alquimia está presente no cotidiano. A todo instante ela nos ajuda a transformar chumbo em ouro, quando transformamos nossos desafios em aprendizado e evolução.

Alerta: Aproprie-se de todos os seus dons de maneira plena e compartilhe a prosperidade da vida.

Mensagem: As limitações da vida terrena podem ser vencidas com inteligência, bom humor e pensamentos positivos.

Tratamento Fitoenergético
para ativar a energia do Mestre:

Melissa (Melissa officinalis) - Acredite no amor e olhe a vida sob outro prisma. O bicho não é tão feio quanto parece.

Insulina (Cissus verticillata) - Abandone de vez o excesso de ambição material e a prepotência, dando lugar à expansão de consciência. Assim, encontrará a verdade de sua alma.

Marmelo (Cydonia oblonga) - Preste atenção a sua saúde. Vitalize-se.

Jasmim (Jasminum officinale) - Coloque a pureza em seus pensamentos, emoções e inferioridades. Dê um toque do divino em todas as suas ações.

Mestres da Nova Era

Alice Bailey

Coragem
Flexibilidade

41 – Alice Bailey

Reflexão: O único mestre a ser seguido é o mestre interior, o homem espiritual que reside em cada ser humano, ou seja, o Cristo em nós.

Alerta: Por meio de nós, Deus se manifesta em três aspectos: conhecimento, amor e verdade.

Mensagem: Onde reside o seu pensamento, mora a sua sintonia. Isso define a sua conexão com o Plano Espiritual.

Tratamento Fitoenergético
para ativar a energia do Mestre:

Mulungu (Erythrina mulungu) - Chega de preguiça e desânimo, encontre entusiasmo em sua vida e tenha atitude.

Uva-Ursi (Arctostaphylos officinalis) - Expresse suas ideias e tenha iniciativa para fazê-las acontecer.

Manjericão (Ocimum basilicum) - Não tenha medo de enfrentar a verdade. Faça escolhas e tome decisões com energia.

Allan Kardec

Inteligência / Dedicação

42 – Allan Kardec

Reflexão: Nascer, morrer, renascer ainda e progredir sem cessar. Tal é a lei.

Alerta: A purificação do espírito reflete-se na condição moral manifestada em cada ação.

Mensagem: Qualquer que seja a intenção ou a necessidade da mediação entre toda espécie de seres, faz-se necessário o preparo intelectual e, principalmente, moral com dedicação e disciplina.

Tratamento Fitoenergético
para ativar a energia do Mestre:

Porangaba (Cordia ecalyculata) - Um dia nunca é igual ao outro. Livre-se dos apegos.

Funcho (Foeniculum vulgare) - Agora é hora de cortar definitivamente laços com passado e trazer à tona seus talentos e suas virtudes para realizar novos projetos.

Avenca (Adiantum raddianum) - Purifique seu corpo físico, mental e espiritual, eliminando bloqueios que impedem seu processo evolutivo.

Babosa (Aloe vera) - É tempo de regenerar a mente e o corpo, mudando os pensamentos.

Chico Xavier

Amorosidade / Simplicidade

43 – Chico Xavier

Reflexão: Eu permito a todos serem como quiserem; e a mim, como devo ser.

Alerta: A repercussão da prática do bem é inimaginável. Para servir a Deus, ninguém necessita sair do seu próprio lugar ou reivindicar condições diferentes daquelas que possui.

Mensagem: Embora ninguém possa voltar atrás e fazer um novo começo, qualquer um pode começar agora e fazer um novo fim.

Tratamento Fitoenergético
para ativar a energia do Mestre:

Melissa (Melissa officinalis) - Acredite no amor e olhe a vida sob outro prisma. O bicho não é tão feio quanto parece.

Cordão-de-Frade (Leonotis nepetaefolia) - Você está em um processo de evolução espiritual. Deixe sua alma aflorar e libere dons ocultos.

Marmelo (Cydonia oblonga) - Preste mais atenção a sua saúde. Vitalize-se.

Erva-de-Passarinho (Struthanthus concinnus) - Aprenda a identificar situações de mal-estar provocadas por miasmas no campo áurico.

Dalai Lama

Compaixão / Paz

44 – Dalai Lama

Reflexão: Se você é capaz de manter sua mante totalmente rica através da arte de escutar, não há o que temer. Esse tipo de riqueza jamais lhe será tomado.

Alerta: A raiva nos faz perder uma das melhores qualidades humanas: o poder do discernimento.

Mensagem: É positivo querer chegar primeiro, quando a intenção for abrir caminho para outros.

TRATAMENTO FITOENERGÉTICO
PARA ATIVAR A ENERGIA DO MESTRE:

Amora-Branca (Morus alba) - Reponha suas energias para manter o equilíbrio físico e emocional. Mantenha o bom humor.

Morango (Fragaria ananassa) - Aceite com mais naturalidade o processo de transformação. Entenda que eterno é só o espírito.

Capim-Cidreira (Cymbopogon citratus) - Elimine a ansiedade e o nervosismo para ter um sono revigorante.

Chagdud Tulku Rinpoche

Verdade Universal

45 – Chagdud Tulku Rinpoche

Reflexão: Há muitos sons inquietantes ocupando a sua mente e o distanciando da verdade universal.

Alerta: Silencie os seus pensamentos e descubra o que realmente é importante em sua vida.

Mensagem: O que nos leva ao sofrimento são sentimentos nocivos como o apego, o desejo, a raiva, a aversão e a ignorância.

Tratamento Fitoenergético
para ativar a energia do Mestre:

Guabiroba (Campomanesia xanthocarpa) - A melhor proteção contra ataques energéticos é manter em constante expansão a sua consciência e o seu coração.

Arnica (Solidago chilensis) - Desobstrua os seus canais energéticos, estimulando a circulação sanguínea e a imunidade.

Hortelã (Mentha crispa) - Com veracidade e autenticidade, vá abrindo os caminhos em sua vida.

Gandhi

Força da Paz

46 – Gandhi

Reflexão: Ouça mais e fale menos.

Alerta: Diante de qualquer conflito, respire antes de reagir e tente negociar. Mesmo discordando, procure compreender a posição das outras pessoas.

Mensagem: O amor sincero de um único homem pode aniquilar com toda a maldade do mundo.

Tratamento Fitoenergético
para ativar a energia do Mestre:

Carqueja (Baccharis trimera) - Você tem se preocupado tempo demais consigo mesmo. Elimine esse sentimento de solidão e abandone a possessividade. Cuide do seu coração e seja mais tolerante.

Gervão (Stachytarpheta cayennensis) - Amplie a sua consciência cósmica e olhe para o alto, abandonando sentimentos de menos-valia.

Barbatimão (Stryphnodendron adstringens) - Não desista agora, crie independência afetiva e conclua os seus projetos.

Helena Petrovna Blavatsky

Ocultismo
Inteligência Divina

47 – Helena Petrovna Blavatsky

Reflexão: Para se viver a verdade de acordo com os princípios universais, devemos abandonar qualquer ideia separativa.

Alerta: Não há religião superior à verdade.

Mensagem: Não há nenhum bem ou mal em si. Tudo está contido na única e mesma essência universal. O seu lado de luz produz vida, saúde, bem-aventurança e paz divina. O seu lado sombrio traz morte, doenças, tristezas e conflitos.

Tratamento Fitoenergético
para ativar a energia do Mestre:

Cominho (Cuminum cyminum) - Limpe o seu coração de antigas tristezas. Seja mais solidário em suas relações sociais.

Cravo-da-Índia (Syzygium aromaticum) - Concentre-se na sua capacidade de realizar sonhos e abra a mente para enxergar as respostas que a vida dá.

Marmelo (Cydonia oblonga) - Preste mais atenção a sua saúde. Vitalize-se.

Jasmim (Jasminum officinale) - Abandone os vícios colocando um toque do divino em todas as ações.

Kuthumi Lal Singh

Discrição

48 – Kuthumi Lal Singh

Reflexão: Mantenha Deus presente na mente em todos os momentos.

Alerta: Alcance o sustento através da prática do trabalho honesto.

Mensagem: Partilhe os frutos do trabalho com aqueles que necessitam.

Tratamento Fitoenergético
para ativar a energia do Mestre:

Erva-Baleeira (Cordia verbenacea) - Procure o equilíbrio entre a razão e a emoção. Assuma as suas emoções com naturalidade, evitando o excesso de racionalização.

Uva-Ursi (Arctostaphylos officinalis) - Expresse as suas ideias e tenha iniciativa para fazê-las acontecer.

Alecrim (Rosmarinus officinalis) - É tempo de mudar e de conhecer o novo. Libere traumas e medos adormecidos.

Mikao Usui

Cura

49 – Mikao Usui

Reflexão: A cura mais importante é a espiritual.

Alerta: Só por hoje, agradeça por suas bênçãos. Só por hoje, abandone as preocupações. Só por hoje, elimine a raiva. Só por hoje, faça o seu trabalho honestamente. Só por hoje, seja gentil com o seu próximo e com todos os seres vivos.

Mensagem: A energia Reiki resgata a cura natural presente em todos nós.

Tratamento Fitoenergético
para ativar a energia do Mestre:

Maçã (Malus x domestica) - Cultive a paz e a harmonia em seu lar. Um sorriso é sempre bem-vindo.

Aipo (Apium graveolens) - Não se deixe levar pelas ilusões das conquistas materiais. Utilize-se dos recursos naturais para alcançar a paz divina.

Canela (Cinnamomum zeylanicum) - Mantenha distância de sentimentos de birra e rebeldia. Tenha gratidão pela vida.

Sathya Sai Baba

*Verdade
O Amor Encarnado*

50 – Sathya Sai Baba

Reflexão: Siga a verdade, principalmente no sentindo de saber quem realmente é, e não aquilo que você pensa ser.

Alerta: A felicidade real não é baseada nas ilusões das conquistas materiais.

Mensagem: Preencha o dia com amor. Termine o dia com amor. Esse é o caminho mais rápido e direto para Deus.

Tratamento Fitoenergético
para ativar a energia do Mestre:

Poejo (Mentha pulegium) - Reconheça os seus próprios erros e termine o que começou. Ame a vida e livre-se da arrogância.

Morango (Fragaria ananassa) - Aceite com mais naturalidade o processo de transformação. Entenda que eterno é só o espírito.

Douradinha (Palicourea rígida) - Aprenda com seus erros sem se martirizar ou sofrer.

Mensagem Final

Os Mestres chegaram à Terra conhecendo suas missões de alma e o que precisavam cumprir aqui para nos inspirar, motivar e principalmente nos mostrar um caminho de luz a seguir.

Agora que você conhece cada um deles, você pode optar em qual mundo você quer viver: no mundo da dor, onde estão as doenças, os remédios, as tristezas, a reclamação, os vícios, as frustrações... ou escolher o mundo do amor, onde está a conexão, a espiritualidade, a luz, a gratidão e os Mestres.

O mundo da dor é real para as pessoas que estão distanciadas da espiritualidade e também delas próprias, porque vivem no piloto-automático de uma existência vaga, sem sentido e sem um propósito maior.

O mundo dos Mestres é o das pessoas conectadas à sua espiritualidade, que não é um mundo perfeito e nem de ilusões. Não é fácil também, mas é um mundo real e que vale a pena, é o mundo da verdade que liberta, com sentimentos elevados, de muito amor e sintonia com a Fonte Criadora.

Trata-se do mundo em que você se torna o criador da sua realidade e que conduz o seu próprio destino fazendo escolhas que, conscientemente, melhoram a sua vida. É um mundo com sentido, em que você reconhece a sua missão de vida e reconhece a alegria presente em cada célula de seu ser.

O Tarot Grandes Mestres da Humanidade foi uma contribuição para você transformar a sua vida com a energia dos seres iluminados. O objetivo também foi lhe impulsionar a fazer mudanças na sua família, no seu trabalho, na sua missão de vida e tudo o mais ao seu redor. Eu estou aqui torcendo para que a força desta energia iluminada modifique tudo o que você deseja transformar de forma muito positiva!

Que a luz dos Grandes Mestres ganhe vida em cada ato seu! Você nasceu para brilhar! Você nasceu para conquistar nada menos que o sensacional em sua vida! Você tem a luz, o amor e o poder ao seu alcance.

Faça valer a sua existência e semeie os ensinamentos dos Grandes Mestres em todos os lugares por onde você passar! Que sua jornada seja muito abençoada por todos os seres iluminados!

Com amor,
Patrícia

Outras publicações

Luz da Serra
EDITORA

LIVRO DE COLORIR DOS GRANDES MESTRES DA HUMANIDADE
Patrícia Cândido

Os virtuosos exemplos dos Grandes Mestres da Humanidade estão neste livro encantador. Através dele, você pode levar aos pequenos as contribuições dessas almas iluminadas, para que tenham uma vida mais plena em todos os sentidos.

GRANDES MESTRES DA HUMANIDADE
Lições de Amor para a Nova Era
Patrícia Cândido

Descubra as propostas de evolução que cinquenta grandes almas apresentaram à humanidade e atinja os níveis mais altos da consciência.

**FITOENERGÉTICA:
a energia das plantas
no equilíbrio da alma**
Bruno J. Gimenes

O poder oculto das plantas apresentado de uma maneira que você jamais viu.

É um livro inédito no mundo que mostra um sério e aprofundado estudo sobre as propriedades energéticas das plantas e seus efeitos sobre todos os seres.

**TARÔ DA FITOENERGÉTICA:
a mensagem das plantas para
a transformação e cura da alma**
Bruno J. Gimenes, Patrícia Cândido
e Denise Carillo

Tenha acesso a recomendações terapêuticas e caminhos para o despertar da sua consciência e da cura dos aspectos negativos da sua personalidade.

O CAMINHO DO BUSCADOR
A trilha do Bodhisattva
Patrícia Cândido

Todos nós temos o potencial da iluminação. Todos nós podemos! Acompanhe o personagem Kangyur, que nos mostra que a trilha do bodhisattva parte de uma decisão interna e de uma teimosia positiva para conquistar nossos sonhos mais íntimos.

EVOLUÇÃO ESPIRITUAL NA PRÁTICA
Bruno J. Gimenes e Patrícia Cândido

Equilibre as suas emoções e sentimentos com aprendizados práticos e diretos sobre a espiritualidade e a evolução da consciência.

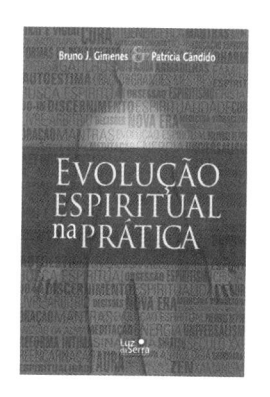

Transformação pessoal, crescimento contínuo, aprendizado com equilíbrio e consciência elevada. Essas palavras fazem sentido para você? Se você busca a sua evolução espiritual, acesse os nossos sites e redes sociais:

Leia Luz – o canal da Luz da Serra Editora no YouTube:

Luz da Serra Editora no **Instagram**:

Luz da Serra Editora no **Facebook**:

Conheça também nosso **Selo MAP Mentes de Alta Performance**:

No **Instagram**:

No **Facebook**:

Conheça todos os nossos livros acessando nossa **loja virtual**:

Conheça os sites das outras empresas do Grupo Luz da Serra:

luzdaserra.com.br

iniciados.com.br

luzdaserra

Luz da Serra® EDITORA

Avenida Quinze de Novembro, 785 – Centro
Nova Petrópolis / RS – CEP 95150-000
Fone: (54) 3281-4399 / (54) 99113-7657
E-mail: loja@luzdaserra.com.br